幼稚園・保育園の
かならず成功する運動会の種目60
付・見栄えをよくするための17のヒント

斎藤 道雄 [著]

黎明書房

大人が決めること，子どもにできること

運動会は子どもたちの練習の成果を発表する場です。
でも，その子どもたちの練習の成果を，もっと簡単に，より見栄えよく見せることができる方法があればいいな，なんて思いませんか？　なぜぼくが，こんなことを考えるようになったかというと……。

その前に，まず自己紹介します。
ぼくの名前は，斎藤道雄（さいとう・みちお）です。
ぼくの仕事は，スポーツインストラクターです。
子どもからお年寄りまでを対象にして，体操指導をしています。

そして，これまでにたくさんの幼稚園や保育園に行って，体操指導をさせていただきました。そして，数え切れないほどたくさんの運動会を実際にこの目で見てきました。

そんなあるときに，ふと気づいたことがあります。それは，
1　どこの園でも，運動会の種目に大差はないということ
2　にもかかわらず，その出来栄えに違いがあるということ
という2つのことです。
同じ（ような）ことをやっているのに，なぜかその見た目には違いがでるということです。

たとえば，同じ組体操をやるにしても，子どもたちの並び方ひとつで見る側のイメージが全然違ってきます。

並ぶときに，背の小さい子どもが前から順に並ぶ（背の順）のと，背の大きな子どもが前から順に並ぶ（背の順の反対）のでは，後者の方が見た目には大きく見えます。屋外で運動会をするときに「全体が大きく見える」ということは，見栄えのよさにつながります。

　これらのことは，子どもたちの練習には全く関係のないことです。子どもたちの（練習して上達するという）問題ではなく，あくまでも大人の（決める並び方）問題です。

　大人が決めることとは……
　何をするか（種目），
　どんな順番に並ぶか（並び方），
　どんな隊形にするか（隊形），
　どんな目標を立てるか（目標），
　どんな練習をするか（練習），
　いつまでに何をどこまでするか（計画），
　などがあります。一方，子どもたちにできることは……
　大人の決める要求に応えること，ただひとつだけです。

　だったらその要求することを，もっともっと深く考えてみても，いいんじゃないかと思うんです。第1章と第2章ではその「考え方」について，第3章では実際の「種目」についてご紹介します。

　どうすれば，少しでも見栄えをよく見せることができるのか？
　さあ，ごいっしょに考えていきましょう。

もくじ

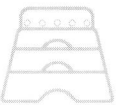

大人が決めること，子どもにできること　1

第1章　見栄えのする運動会成功の秘訣　7

1　運動会の種目を効率よく練習する3つのコツ　8
2　「大事なことを決める」　10
3　「約束事をつくる」　12
4　「"やらされる"から"やる"へ意識を変える」　14
5　運動会のためだけの練習じゃない　16
6　見栄えのする並び方のヒント　18
7　子どもの緊張をほぐす方法　20
8　かけ声で子どもたちの士気を高める　22
コラム　なぜ，見栄えよく見せたいのだろう？　24

第2章　見栄えのする運動会種目にする秘訣　25

1　できる限り子どもの力だけでやらせてあげる　26
2　よいリズムをつくる子どもの並び方　28
3　父母競技のけがを予防するヒント　30
4　とび箱が簡単に跳べるようになる方法　32
5　ポンポンをよりきれいに見せる方法　34
6　見栄えのするポーズのつくり方　36
7　けがをさせないとび箱の教え方　38
8　バルーンでふんわりホットケーキづくり　40
9　バルーンをきれいに見せるコツ　42

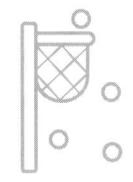

| コラム | 見栄えの違いはどこにあるの？ | 44 |

第3章 見栄えのする運動会の種目BEST60　45

ポンポン
- 1 円から円へ　46
- 2 円から列へ　47
- 3 円からくの字へ　48
- 4 円から十字へ　49
- 5 列から列へ　50
- 6 列から山へ　51
- 7 風車　52

マット
- 8 うさぎさん　53
- 9 ラッコさん　54
- 10 ライオンさん　55
- 11 かえるさん　56
- 12 丘をこえて　57
- 13 おいもコロコロ　58
- 14 ロングおいもコロコロ　59
- 15 ダブルおいもコロコロ　60
- 16 前転　61
- 17 連続前転　62

とび箱
- 18 お山のぼり　63

19	とびつきお山のぼり	64
20	小さいお山のぼり	65
21	ハイポーズ	66
22	開脚とび／よこ	67
23	開脚とび／たて	68

平均台

24	ふたりでいっしょに	69
25	ハンドインハンド	70
26	カニさん歩き	71
27	くまさん歩き	72
28	バックオーライ	73
29	方向転換	74

鉄 棒

30	ウォールジャンプ	75
31	豚のまるやき	76
32	前まわり	77
33	足かけまわり	78
34	逆あがり	79

組体操

35	空を飛ぼう	80
36	かかし	81
37	ヨット	82
38	ブリッジ	83
39	2段ベッド	84
40	サッカー	85

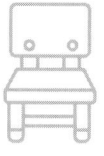

41	オートバイ	86
42	飛行機	87
43	おうぎ	88
44	タワー	89
45	バナナ	90
46	ピラミッド	91
47	ロケット	92
48	花	93
49	3段ピラミッド	94
50	人間ドミノ	95

バルーン

51	メリーゴーランド	96
52	アドバルーン	97
53	テント	98
54	ホットケーキ	99
55	ウエーブ	100

入 場

56	ニョロニョロへび	101
57	グルグルくぐり	102
58	グルグルぴょん	103
59	かけ声&行進	104
60	かけ声&かけ足	105

大切なのは今？ それとも未来？ ……… 106

第1章
見栄えのする運動会成功の秘訣

運動会の種目を効率よく練習する3つのコツ

　子どもたちが一糸乱れぬようにパッと動いてピタッと止まる。そしてかっこいいポーズを決めて盛大な拍手が沸き起こる。運動会の組体操にこんなワンシーンがあります。

　そんな組体操の練習はさぞかし大変なんだろうなと思われるかもしれませんが，決してそんなことはありません。ただそこには，練習のしかたにちょっとコツがあります。その練習のしかたのコツは次の3つです。

① **大事なことを決める**
② **約束事をつくる**
③ **"やらされる"から"やる"へ意識を変える**

　なぜ，こんなことを考えるのかというと……
　組体操の練習は限られた時間の中で行います。
　その限られた時間の中で子どもたちは練習をします。
　子どもたちに練習させることは努力させることにもつながります。
　その練習（努力）するメニューを決めるのは大人（先生）です。
　もしもその結果が出ないのであれば，練習（努力）の方向性が違うのかもしれません。
　同じ練習（努力）をする（させる）のなら，はじめからその方向性を間違えないように真剣に考えなければなりません。

　繰り返しますが，**その努力の方向性を決めるのは，大人（先生）だということです。**

　組体操の練習のしかたのコツは，組体操を練習する場合だけでなく，運

見栄えのする運動会成功の秘訣

動会種目すべての練習のしかたのコツにつながります。では、ひとつずつご説明していきましょう。

2 「大事なことを決める」

　まず組体操の練習を始める前にこれから練習をしていく上での「大事なこと」を決めます。

　大事なこととは，樹木でいえば樹の幹の部分にあたります。幹の部分を意識することで，ほかの枝や葉っぱとの区別をしっかりするということでもあります。

　ちなみに組体操を練習していく上で大事なことは，
① **ポーズを覚えること**
② **隊形移動のしかたを覚えること**
このたった2つのことだけです。

　この2つができてしまえば，組体操はほぼ完成なのです。ですから，この2つのことに付随した幾通りもの練習方法を考えます。
　言い換えると，はじめに大事なことがあるからこそ，それに付随したことが決まるということです。
　もしも大事なものがないと，（付随した）練習ばかりに振り回されることにもなりかねません。

　オリンピックに出場したある選手は，「（上達するのに）大事なことは多くない」と言っています。
　たくさんある練習はすべてが大事なことにつながっている。その大事なことは決して多くはない。せいぜい1つか2つである。ということです。
　組体操もそれと同じです。
　大事なことは決して多くはありません。
　よく考えて，まず樹の幹になる大事なことを決めてみましょう。

見栄えのする運動会成功の秘訣

3 「約束事をつくる」

　核になる「大事なことを決める」ことができたら，これに付随した練習方法を考えます。
　さあ，いよいよ練習開始です。でも，その前にもうひとつだけやっておきたいことがあります。それは，練習していく上での「約束事をつくる」ことです。

「約束事をつくる」ということは，子どもたちの意識を統一するということです。子どもたちの意識がバラバラだと，当然見た目にも統一性は感じられません。
たとえ，"子どもでも" です。

　ちなみに，組体操での約束事は次の3つです。
　① まっすぐに立つ（きをつけをする）
　② 超スピードで動く（素早く動く）
　③ どろんこになる（からだについた泥をはたかない）
　この約束事は練習を始める前に，いつも必ず子どもたちとひとつずつ確認します。

　約束事をつくるときのコツは，次の3つです。
　① 核になる大事なことにつながっていること
　② 意識すれば必ずできる簡単なこと（難しいことは約束しない）
　③ 数をあまり多くしないこと（たくさんあると守れなくなる）

　ただし大事なことは，まずはじめに，約束事を守る子どもよりも，約束事をつくる大人の方に，主導権と責任があるということです。

見栄えのする運動会成功の秘訣

「"やらされる"から"やる"へ意識を変える」

「"やらされる"練習では，たいして効果はあがらない」
あるプロ野球チームの監督のことばです。
これは，大人でも子どもでも同じことです。

　運動会の練習の時期を前半と後半に分けると，前半はどうしても覚えることに重点を置くことになります。組体操でいうと，この時期はポーズ（かたち）を覚えることになります。
　手や足の位置はどこかとか，ひじをピンと伸ばすとか，左右どちらの手を地面につけるとか……。
　細かいところを丁寧に繰り返して覚えていきます。

　そして後半は，"やらされる"から"やる"へ意識を変えていきます。これはどういうことかというと，これまで覚えてきたことを，
　「どう？　見て！　見て！」「じょうずでしょ！」「すごいでしょ！」
　という気持ちへと切り替えていくことです。

　具体的に，組体操ではどんなことをやるかというと……
　①いくつかのグループをつくり，みんなの前で発表させて競争意識を持たせる。
　②出来栄えよりも，3つの約束事（12ページ）を意識して実行している子どもをほめる。（結果よりも地道に努力することの大切さを知らせる。）

　以前，ある保育園の先生に「斎藤先生の組体操の練習は，（子どもたちが）やらされている感じがしませんでした」と言われました。
　自分ではどうなのかわかりません。ただ，やらせようとすること（大人

見栄えのする運動会成功の秘訣

の意識）は子どものエネルギー（意欲）を減らしてしまうことにつながる気はしています。

子どもの エネルギー

やる　　　やらされる

5 運動会のためだけの練習じゃない

　組体操種目のひとつにピラミッドがあります。さて、そのピラミッドの練習をするときに、子どもたちは一体どんなことを思っているのでしょうか？

　「かっこいいから一番上がいい」と思う子どもがいるかもしれません。または、「下の方は重たそうだからイヤだ」と思う子どももいるかもしれません。それはそれでごく普通の感情です。

　だからぼくはピラミッドの練習をするときに、子どもたちにこんな話をしています。

　はじめに積み木をピラミッドのように重ねて、
　「もしも、このピラミッドの一番下の積み木をひとつだけとってしまったら、どうなると思う？」
　「（ピラミッドが）こわれちゃう……」
　で、実際に子どもたちの目の前で、下の積み木をはずしてしまいます。すると大きな音を立てて、積み木は崩れ落ちます。
　「………」
　「じゃあ、もしもみんながピラミッドをつくるときに、だれかひとり（の馬）が壊れちゃうとどうなると思う？」
　そう質問しながら、協力することの大切さを考えさせます。

　また、こんな話もします。
　「今、立派なピラミッドが完成したね。でも、ちょっと考えてみて。立派なピラミッドが完成したのは、下で支えてくれた友達がいたからだよね」
　「………」
　「上の人は、下で支えてくれた人のことをどう思う？」
　そう言って、感謝することを考えさせます。

見栄えのする運動会成功の秘訣

　これらのことは，特に伝えなくても組体操はじょうずにできるかもしれません。でも，「**組体操がじょうずにできるように教えること**」よりも「**組体操をとおして人を育てること**」，それが「**教育**」だと思います。

6 見栄えのする並び方のヒント

　ぼくが、組体操を指導するときに気をつけていることのひとつに、隊形があります。どんな隊形をつくればより見栄えよく見えるかということです。

　このことは、子どもの力量には全く関係がありません。部屋のインテリアと同じで、テーブルとイスの位置を変えてみたら、なんだかイメージが明るくなった、というのと同じことです。
　テーブルもイスも、それ自体にはなんら変化はありません。

　じゃあ、ここで問題です。この部屋のインテリアと同じように組体操でより見栄えをよく見せるには、子どもたちをどのように並べたらよいでしょうか？　ちょっと考えてみてください。考え中……。

　答えは、背の高い子どもから、前から順番に並ばせることです。
　その理由は、**背の高い子どもを前にすることで、全体を大きく見せることができるからです。**

　「あれ？　部屋の中では結構イケてたのに……。外でやってみたらあんまりパッとしないなあ」なんて経験はありませんか？
　それは、子どもたちがグラウンド一杯に広がることで、全体が小さく見えてしまうからです。

　これは、組体操の隊形だけに限らず、お遊戯などの演目にも言えることです。

　ただし、例外もありますから、いろいろなポジション（位置）を試して、

見栄えのする運動会成功の秘訣

大人が客観的な観察を繰り返しながら，少しでも見栄えのよい並び方を探してみてください。

小さく見える　　大きく見える

7 子どもの緊張をほぐす方法

　運動会当日の本番直前，子どもはとても緊張します。誰だってたくさんの人に見られれば緊張します。「いつもどおりに」「リラックスして」と言うほうがそもそも無理な注文かもしれません。

　でも，もしできることなら少しでも緊張をほぐしてあげたいものです。じゃあ，どうすれば子どもたちの緊張をほぐすことができるのでしょうか？　ぼくが実施している子どもの緊張をほぐす方法は次のとおりです。

① 深呼吸をする
　深呼吸をすることで，子どもたちの気持ちを落ち着かせることができます。また，気功でも深呼吸は自律神経や情緒の安定によいとされています。気功に限らず，スポーツや武道などでは，こころとからだのために深呼吸が取り入れられています。

② ジャンプする
　ジャンプすることで，かたくなっているからだをほぐすことができます。緊張しているとこころもからだもかたくなります。ジャンプしてからだをほぐすことで，少しでもからだを動かしやすくすることができます。

③ 大きな声を出す（かけ声をかける）
　声を出すことは呼吸にも関係しています。大きな声を出せば，自然と呼吸をします。また，みんなでかけ声をかけることで，士気を高めることにもつながります。

　これらの方法は運動会だけでなく，お遊戯の発表会など，緊張しそうな場面すべてに使える方法でもあります。

見栄えのする運動会成功の秘訣

8 かけ声で子どもたちの士気を高める

「じょうずにできるかな？」
「失敗したらどうしよう？」
「ワー！　なんだかドキドキする……」
　運動会本番直前,「次は, ぼくたちの順番だ……」というときに, 子どもたちの緊張感はピークに達します。
　みなさんが担任の先生だったら, そんな心理状態の子どもたちに, 何をしてあげますか？

　ぼくは組体操を発表するときに, 子どもたちにかけ声をかけさせています。
「エイエイオーッ！」
　大きな声を出すことで, 子どもたちの士気を高めることができます。それと同時に, 緊張をほぐすことにもつながります。

　よく時代劇などで, 戦（いくさ）の出陣のときに,
「エイエイオー！」
と, 勝ちどきをあげているシーンを見ることがあります。
　このことからも, 昔から大きな声を出すことが, 気合を入れる, 士気を高めることに利用されていたことがわかります。

　「負けたらどうしよう」なんていう気持ちで戦い始めるよりも,「よしっ！　がんばるぞっ！」という気持ちで戦い始めたほうが, いいに決まっています。
　運動会での子どもたちの気持ちにも, 同じことが言えます。

　戦いの直前に大きな声を出すことは, 心理的にもとても有効なことです。

見栄えのする運動会成功の秘訣

同じように，運動会の発表直前にも，声を出してちょっと気合でも入れてみたらどうでしょうか？

なぜ，見栄えよく見せたいのだろう？

　ここでひとつ質問です。あなたは年長組の担任の先生だったとします。運動会では，年長組の演技の発表があります。あなたは本番でその発表を少しでも見栄えよく見せたいですか？　それとも，そんなことはどうでもいいですか？

　では，もうひとつ質問です。少しでも見栄えよく見せたいと思ったあなたは，なぜ，見栄えをよく見せたいと思うのでしょうか？　ふだんあまり考えたことがないかもしれませんが，とても大切なことなので考えてみてください。

　父兄に賞賛されるためでしょうか？
　園長先生に賞賛されるためでしょうか？
　ほかの先生方に認められるためでしょうか？
　ほかの学年と比べられるからでしょうか？
　去年の年長組と比べられるからでしょうか？
　自分が恥ずかしい思いをしたくないからでしょうか？
　もし，そうだとしたら，それらが子どもたちを教える理由になるのでしょうか？

　それとも……
　子どもたちのために，そうするのでしょうか？

第2章

見栄えのする
運動会種目にする秘訣

できる限り子どもの力だけでやらせてあげる

　最近の運動会を見ていると，せっかく子どもが頑張ってやろうとしていてもすぐに大人が手伝ってしまう。そんな傾向が見られます。
　たとえば，平均台をひとりで歩こうとしているのに，すぐに手を貸してあげる。また，鉄棒にひとりで跳びつこうとしているのに，すぐにお尻を持ち上げてあげる。などなど……。

　つい手を出したくなる大人の気持ちもわかります。それに運動会には時間も限られていますから，あまり時間をかけるわけにもいきません。でも，ある程度までは子どもの力でやらせてあげたいものです。その上で，どうしてもダメだったら，大人が手伝ってあげればいいのではないでしょうか？

　じゃあ具体的にどうすればいいかと言うと，**担任の先生（または，その子どもの運動能力を知っている大人）が，運動会当日に補助をする人たちに，あらかじめ補助のしかた（できるだけ子どもの力でやらせること，すぐに手伝わないこと）を伝えてみてはいかがでしょうか？**　あらかじめ手伝う必要がある子どもの個人名をあげておけば，さらに正確に意思の疎通がはかれるでしょう。

　たとえば，こんなふうに言ってみてはいかがでしょうか？
　「補助をする方々へお願いです。できるだけ子どもたちの力でできるよう，ある程度は子どもだけの力でやらせてあげてください。そして，どうしてもできなければ，そのときは手をかしてあげてください。
　ただし○○ちゃんは，練習では成功していませんから，2，3度チャレンジさせて，もしダメだったら手伝ってあげてください」

見栄えのする運動会種目にする秘訣

子どもたちの中にある秘められたパワーを，少しでも多く発揮させてあげたいものです。

2 よいリズムをつくる子どもの並び方

　ここでいきなり問題です。
　あなたは年長クラスの担任です。
　子どもたちは20人。
　運動会でとび箱の発表をします。
　一列に並んで順番にとび箱を跳ぶときに，あなたは，子どもたちをどんな順番で並べようと思いますか？

　子どもたちの並ぶ順番なんて，あまり考えたことがないかもしれませんが，ちょっとだけ考えてみてください。

　考え中……

　じゃあ，ヒントです。もしもあなたがとび箱を跳ぶときに，あなたの前の人は，成功したほうがいいですか？　失敗したほうがいいですか？

「失敗するよりも成功したほうがいい」
　そうですよね。悪いイメージより，よいイメージを残してくれたほうがいいですね。ということは……考えてください。

　考え中……

　では正解を発表します。「（とび箱を跳ぶことの）成功する確率の高い子どもから順に並べる」です。
　じょうずにできる子どもからスタートすると，「できた・できた・またできた」というよいリズムができます。

見栄えのする運動会種目にする秘訣

　これは心理的なことにも大きく関係があります。体操競技でも，はじめに高得点が出ると高得点が続く傾向があります。ほんのちょっとしたことですが，たかがリズムされどリズムなのです。

3 父母競技のけがを予防するヒント

　父兄対抗リレー ⇒ お父さんの出番 ⇒ 我が子が見ている
⇒ お母さんも見ている ⇒ 家族みんなが見ている
⇒ なんとかいいところを見せたい ⇒ 「ヨーイドン！」の合図
⇒ 全力疾走 ⇒ 足がもつれる ⇒ 転倒 ⇒ 骨折……

　冗談ではなく，幼稚園の運動会で実際にあったケースです。
ぼくが見たところ事故の原因は
① 準備運動不足
② トラックが小さい（カーブの小回りがきかない）
③ 日ごろの運動不足
といったところです。

　この中で，幼稚園サイドで対処できるとすれば，①の準備運動不足です。先生たちが準備運動をするようにうながすか，または実際に先生がリードして準備運動をしてもいいと思います。**ほんの小さなことが，大きなけがを防ぐことにつながります。**

　②のトラックの問題にしても，直線の折り返し（旗を回って戻ってくる）のリレーにすれば転倒のリスクは少なくなります。

　運動会当日，先生たちはどうしてもバタバタしていて，任されていること以外のことまではなかなか目が届かないものです。だから，ひょんなところで事故が起きたりします。
　運動会には，たくさんの子どもたちがいます。また，お父さんもお母さんも，おじいちゃんも，おばあちゃんも，ご親戚の方々もいるかもしれません。もちろん，園長先生も先生たちもみんないます。そこにいるひとり

見栄えのする運動会種目にする秘訣

ひとりにけがをする可能性があります。絶対にないなんて言い切れません。

　だからこそその場その場で対応するのではなく，あらかじめ対処方法をつくっておくことで，ひとりでもけが人を少なくしたいものです。

とび箱が簡単に跳べるようになる方法

　ある保育園の運動会で，年長クラスがとび箱の発表をしていました。それまでは，とび箱を跳ぶことができる子どもは，クラスの半分くらいだったのが，あることをしたらクラスのほとんどの子どもたちが，跳べるようになりました。

　このあることとは，練習の方法ではありません。練習を一切せずに，誰でも簡単にできてしまうのです。そのある方法とは，一体どんな方法だと思いますか？

　ヒントは，とび箱の置き方です。

　わかりましたか？
　正解は，とび箱の向きを，「たて」から「よこ」にすることです。

　え～それだけで，本当に跳べるようになるの？
　と，思うかもしれませんが，それだけで跳べるようになります。
　必ず全員，というのはちょっと無理かもしれませんが，跳ぶこと自体は確実に簡単になります。

　それはなぜかというと，真横から見るとわかりますが，**子どもが手をついたあとにからだが移動する距離が短くなるからです**。跳ぶ，というよりも，ジャンプしてまたぐというイメージです。
　ぼくが小学校の頃に校庭のすみっこにタイヤが虹のような形で埋められていました。そのタイヤを跳び越すのと同じイメージです。

見栄えのする運動会種目にする秘訣

　子どもの運動会で、とび箱を絶対にたてに置かなければいけないなんてきまりはありません。たてとよこと、どちらが正しいということではなく、よこに置いて跳ぶという選択肢もあるということです。

5 ポンポンをより きれいに見せる方法

　ある幼稚園の運動会で,とてもきれいにポンポンの発表をしていました。あとで担任の先生にポンポンの指導のしかたについて聞いてみると,びっくりするほど簡単なコツがあることがわかりました。
　ポンポンをよりきれいに見せる簡単なコツは次のとおりです。

① **ふさを長めにする**(ポンポンを大きめにつくる)
ふさの長さを**手首や腕がある程度隠れるぐらい**にします。
ポンポンは,ひじが伸びているとよりきれいに見えます。
反対にひじが曲がっていると,きれいに見えません。
　ポンポンを大きくすることで,ひじの曲がりをカムフラージュすることができるのです。

② **ひじを伸ばす**
ひじを伸ばすために,子どもにわかりやすい表現を工夫します。
ちなみにこの先生は,
「グーでハンコを押すように」
と,教えているそうです。

以前,ある「ヨガ教室」で腕を伸ばすときに,
「手のひらで空を押すように」
という表現をしていました。
　このことからもわかるように,腕(ひじ)を伸ばすには,「押す」という表現が効果的なことがわかります。
　①は大人がすることで,②は子どもがすることです。でも,それを子どもたちにわかりやすく表現するという意味では②も大人がすることです。

　サッカーも野球も考えるスポーツだという人がいます。同じようにポン

見栄えのする運動会種目にする秘訣

ポンもふくめ運動会の種目すべてが，考える種目と言えるのではないでしょうか？

6 見栄えのする ポーズのつくり方

　マットで前転をして，ハイポーズ！
　運動会でこんなシーンを見ることがあります。
　でも実際には子どもが恥ずかしがってしまって，止まらずにポーズを中途半端にして終わってしまうことがよくあります。

　また，練習ではちゃんとできていたのに，本番ではできなくなることもあります。そもそも，練習と本番とでは緊張感が全く違います。堂々とポーズを決められなくても，何の不思議もありません。
　ただし，堂々とポーズがとれるかどうかは別にして，止まってポーズをとらせることは可能です。それには，ある道具を使います。その道具とは……とび箱です。

　とび箱の上に立ち上がってポーズをとるのです。その理由は，

①とび箱の上に立ち上がれば，**自然と一度立ち止まらなければいけなくなるから。**
②高いところでポーズをとることで，**遠くからでもよく見えるから。**

　とび箱の上に立ち上がることで，「一旦停止」かつ，「よく目立つ」という2つのメリットがあります。ただしこの場合は，とび箱を跳ぶのではなくよじのぼることになります。
　（とび箱によじのぼる→立ち上がる→ポーズ→跳び下りる）

　もし，とび箱を使わないのであれば，小さな台を置いたり，目印にフラフープを置くこともできます。

見栄えのする運動会種目にする秘訣

　最後に地面の上で必ずポーズをしなければいけないなんてきまりはありません。どうせ同じポーズをとるのなら，少しでもポーズが決まるようなセッティングを大人がつくってみてはいかがでしょうか？

7 けがをさせないとび箱の教え方

　ある幼稚園で，とび箱を跳んで遊んでいた子どもが骨折をしたことがありました。ぼくはその場にいたわけではないので，詳しいことはわかりませんが，とび箱で遊ぶ（とび箱を跳ぶ）ということは，けがをするリスクがあるということです。

　では，とび箱でけがをしない（させない）ようにするには，どのようにしたらよいのでしょうか？

　それは，必ず大人がそばについて補助をすることです。その補助のしかたにも，けがを最大限に防ぐ補助のしかたがあります。それは，子どもの腕を支えてあげることです。

　その方法は，
とび箱を跳ぶ子どもから見て，大人がとび箱の右側に立つとします。
① 子どもがとび箱に手をついたときに
② 大人の右手で
③ 子どもの右腕を
④ 軽くつかむ
たったのこれだけです。（大人が反対の場合②③は反対）

　こうすることで，子どもは前につんのめって落ちることがなくなります。とび箱でけがをする原因は，ほとんどが前につんのめって，手や頭から落ちることが原因です。
　子どもを補助するということは，ただ子どものそばについているということではありません。
　子どもを補助するということは，「けがをしないように手を貸す」ということです。

見栄えのする運動会種目にする秘訣

　とても，簡単なことですが，簡単すぎるあまりに，できないことが多いようです。補助をしない場合に，たとえ子どもにけががなくても，けがをするリスクがたくさんあるにもかかわらず，偶然にもけがをせずにすんでしまった，ということなのです。

8 バルーンでふんわりホットケーキづくり

　みなさんは，次のことばから何を連想しますか？
「ホットケーキ」「テント」「メリーゴーランド」「アドバルーン」

　知っている人には，すぐにピンとくるかもしれませんが，知らない人には，何が何だかわけがわからないと思います。これらは，バルーンという道具を使ってできるいろいろなかたちの名前です。

　バルーンというのは，ビニール製の布地でできた丸いシートのようなものです。大きさは，直径約5メートルのものから，7，8メートルぐらいのものまであります。

　この1枚のバルーンを膨らませることで，アドバルーンのようなかたちをつくることができます。文字どおり風船です。また，ホットケーキやテントのようなかたちもできます。回転させてメリーゴーランドだってできちゃいます。
　ここにあげた4つのかたちはごくごく基本形で，このほかにも，まだまだたくさんのかたちをつくることができます。

　私が指導してきた幼稚園や保育園では，組体操，またはバルーンのどちらかが運動会の発表種目の主流になっていました。
　子どもたちにとってもバルーンは，いろいろなかたちを自分たちでつくることができるので，楽しんで取り組むことができます。

　まだ，バルーンを一度もやったことがないというところは，とても新鮮な種目だと思います。一度，検討してみてはいかがでしょうか？

見栄えのする運動会種目にする秘訣

9 バルーンを きれいに見せるコツ

　ここでは、バルーンを使うときの基本的な使い方をご紹介します。この基本的な使い方は、子どもたちに簡単なことばかりです。あらかじめ、この基本をしっかりと覚えることが、バルーンをじょうずに見せるコツにつながります。
　バルーンをじょうずに見せる基本は次の3つです。

① **バルーンの持ち方**
② **座り方**
③ **バルーンの持ち上げ方**

では、ひとつずつ説明していきましょう。

① バルーンの持ち方
　バルーンを持つときは、必ず**手のひらを下にして親指が下になるようにして握ります**。下からつかむと、バルーンを上へ持ち上げたときに手がバルーンの力に耐えられなくなります。はじめに、5本の指で上からしっかりとバルーンをつかむことを覚えましょう。

② 座り方
　座るときは、**片膝をついて（王子様のように）座ります**。バルーンを下から上へ持ち上げるときに、この姿勢から立ち上がって行います。片膝をつくことで自然と足を前後にひらきます。この足を前後にひらくことが、バルーンをじょうずに持ち上げるポイントにつながります。

③ バルーンの持ち上げ方
　バルーンを持ち上げるときは、真上に持ち上げるのではなく、後ろへ引っ張るようにして持ち上げます。そうすることで、バルーンをピンとしっかり張ることができます。座るときに片膝をついて、あらかじめ足を前後

見栄えのする運動会種目にする秘訣

にひらいていることが，**後ろへのスムーズな体重移動につながります。**

　はじめに，この3つの基本を覚えることが，バルーンをきれいに見せるコツです。

見栄えの違いはどこにあるの？

　はじめに，「どの園でも，同じような種目をやっているのに，なぜか見た目に違いがでる」と言いました。その違いとは，もしかしたら日常生活の違いなのかもしれません。

　運動会は，まさしく普段の生活の発表の場です。それは，「約束を守る」「顔を見て話を聞く」「顔を見てあいさつをする」など，演技にふだんの生活が集約されるということです。

　第1章，第2章では，どうすれば運動会の種目を見栄えよく見せることができるのか？　ということについてとりあげました。
　第3章は，実際に私がこれまでに見たり，聞いたり，自分で指導したものをご紹介します。

　これからご紹介する種目はあくまでもただの種目にすぎません。それを演じるのは子どもたちです。種目を演じる以前に，その子どもたちが，ふだんどんな集団生活をおくっているのかが，見栄えのカギを握っているのではないでしょうか？

　種目には，対象年齢「年少組・年中組・年長組」（●が対象）と，見た目の参考として「かわいさ・かっこよさ・見栄え」を表すマーク（数が多いほどよい）があります。あくまでも経験則なので，発表種目にとりいれる場合は，何度か実際に試してみてから決めてください。

年少組　年中組　年長組	
かわいさ	♥♥♥♥♥
かっこよさ	★★★★
見栄え	♪♪♪♪♪

第 3 章

見栄えのする
運動会の種目 BEST 60

ポンポン

1 円から円へ

■準備するもの
ポンポン（人数分）

年少組　年中組　年長組

●練習のポイント
はじめはポンポンをつかわないで，まず隊形を移動することだけをやってみましょう。

かわいさ	♥♥♥♥♥
かっこよさ	★★★★
見栄え	♪♪♪♪♪

●注意すること
2つの円をつくるときは，それぞれがはじめの円よりも外側になるように大きな空間でつくりましょう。円と円の間に大きな空間をつくりだすことが，より見栄えをよく見せるコツです。

クラスの子ども全員で行います。はじめに全員でひとつの円をつくります。その隊形から2つに分かれて，離れたところで2つの円をつくります。

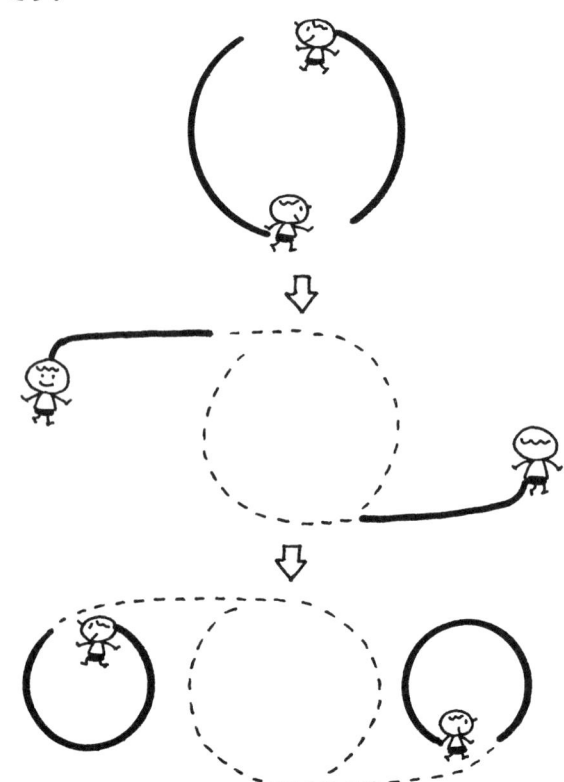

ポンポン

見栄えのする運動会の種目BEST60

2 円から列へ

準備するもの
ポンポン（人数分）

年少組　年中組　年長組

●練習のポイント
はじめはポンポンをつかわないで，まず隊形を移動することだけをやってみましょう。

かわいさ　♥♥♥♥♥
かっこよさ　★★★★★
見栄え　♪♪♪♪♪

●注意すること
2列をつくるときは，はじめの円よりも外側になるようにつくりましょう。そうすることで大きな空間ができて，より見栄えのよい仕上がりになります。

クラスの子ども全員で行います。はじめに全員でひとつの円をつくります。その隊形から2つに分かれて，空間の広い2列をつくります。

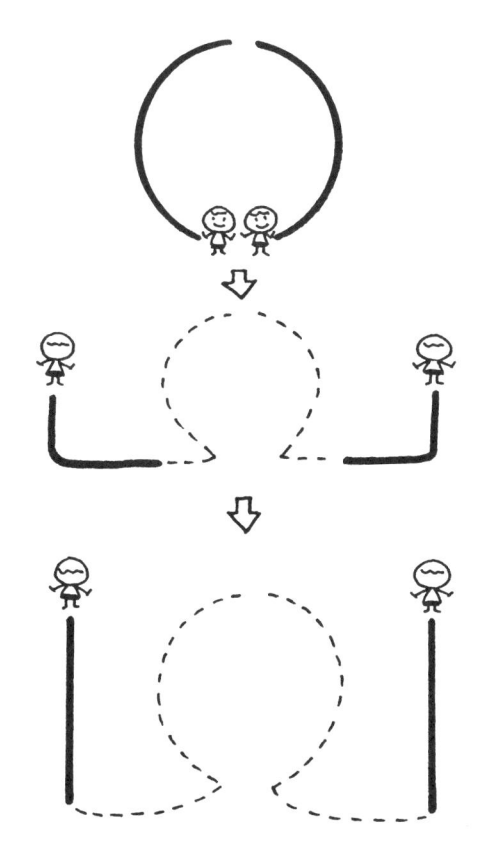

ポンポン

3 円からくの字へ

準備するもの
ポンポン（人数分）

年少組　年中組　年長組

●練習のポイント
はじめはポンポンをつかわないで，まず隊形を移動することだけをやってみましょう。

かわいさ　♥♥♥♥♥
かっこよさ　★★★★
見栄え　♪♪♪♪♪

●注意すること
くの字とくの字の空間は，はじめの円よりも大きな空間になるようにつくりましょう。大きな空間をつくりだすことが，より見栄えをよく見せるコツです。

クラスの子ども全員で行います。はじめに全員でひとつの円をつくります。その隊形から2つに分かれて，くの字が向かい合うような隊形をつくります。

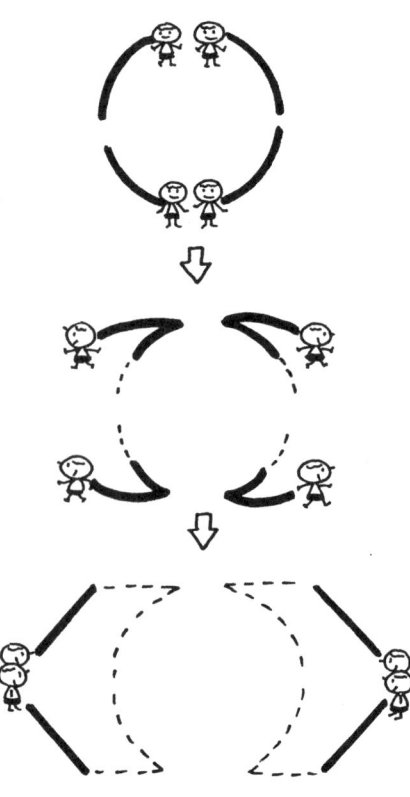

ポンポン　　　　　　　　　　　見栄えのする運動会の種目BEST60

4 円から十字へ

準備するもの

ポンポン（人数分）

（年少組）　(年中組)　(年長組)

● **練習のポイント**

はじめはポンポンをつかわないで，まず隊形を移動することだけをやってみましょう。

かわいさ	♥♥♥♥♥
かっこよさ	★★★★
見栄え	♪♪♪♪♪

● **注意すること**

十字をつくるときは，中心を離してつくりましょう。こうすることで空間ができて，より見栄えのよい仕上がりになります。

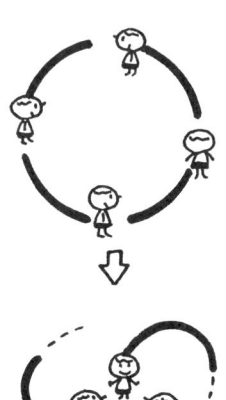

クラスの子ども全員で行います。はじめに全員でひとつの円をつくります。その隊形から，4つに分かれて十字のかたちをつくります。

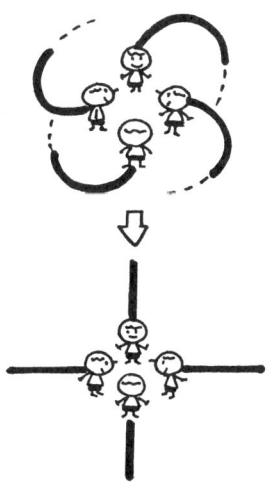

ポンポン

5 列から列へ

■準備するもの
ポンポン（人数分）

年少組　年中組　年長組

●練習のポイント
はじめはポンポンをつかわないで，まず隊形を移動することだけをやってみましょう。

かわいさ	♥♥♥♥♥
かっこよさ	★★★★
見栄え	♪♪♪♪♪

●注意すること
小さい空間から大きな空間へ。この2つのギャップを極端に大げさにとってみましょう。空間が広がることでより見栄えのよい仕上がりになります。

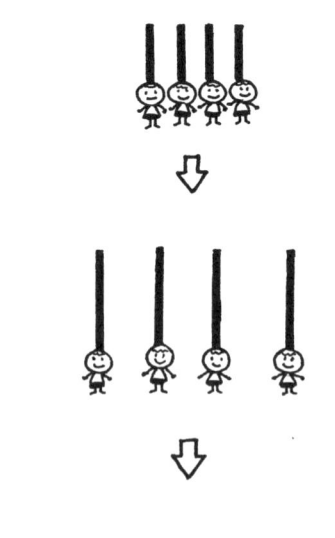

クラスの子ども全員で行います。はじめに子どもたちは縦と横の間隔を極端に狭くして4列をつくります。その隊形から，縦と横の幅が極端に広くなるように移動して，大きく広がった4列をつくります。

ポンポン　　　　　　　　　　　　　　　見栄えのする運動会の種目BEST60

6 列から山へ

準備するもの
ポンポン（人数分）

年少組　年中組　年長組

●練習のポイント
はじめはポンポンをつかわないで，まず隊形を移動することだけをやってみましょう。

かわいさ　♥♥♥♥♥
かっこよさ　★★★★★
見栄え　♪♪♪♪♪

●注意すること
はじめに4列をつくるときは，縦と横の間隔を極端に小さくしてみましょう。はじめとあとの隊形の違いに大きなギャップをつくりましょう。

クラスの子どもたち全員で行います。はじめに全員で極端に間隔の狭い4列をつくります。その隊形から各列が移動をして山のかたちをつくります。

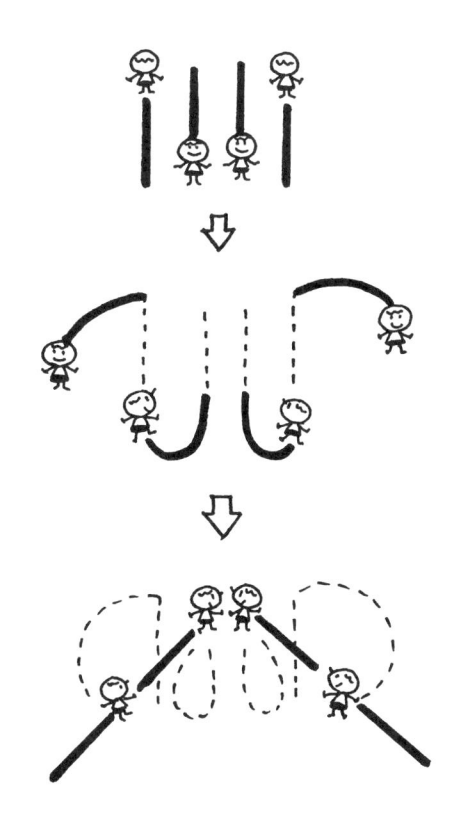

ポンポン

7 風車

準備するもの
ポンポン（人数分）

年少組 **年中組** **年長組**

●練習のポイント
　はじめはポンポンをつかわないで，まず隊形を移動することだけをやってみましょう。内側の子どもは歩幅を小さく外側の子どもは歩幅を大きくしてみましょう。または，外側を背の大きい子どもにしましょう。

かわいさ	♥♥♥♥
かっこよさ	★★★★★
見栄え	♪♪♪♪♪

●注意すること
　風車の場合は，（十字のときと違って）中心を離さずにくっつけて行いましょう。

　クラスの子ども全員で行います。はじめに全員で十字のかたちをつくります。次に4つの線のいずれかひとつの線だけが，となりの線まで移動します。同じことを合計で4回繰り返して，風車が回転するように4つの線がすべて移動します。

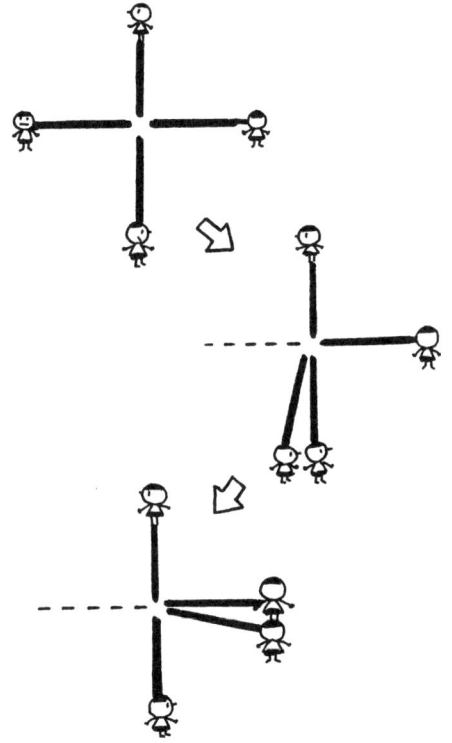

マット

8 うさぎさん

準備するもの
マット

年少組　年中組　年長組

●練習のポイント
はじめにしっかりと，うさぎさんのポーズ（正座をすること，両手でうさぎの耳をつくること）をつくりましょう。

かわいさ　♥♥♥♥♥
かっこよさ　★★★
見栄え　♪♪♪♪

●注意すること
膝ではねるので，必ずマットの上で行いましょう。

はじめにマットの上で正座をして両手をうさぎの耳のようにします。そのままのかっこうで，膝でピョンピョンはずみながらマットの端から端まで移動します。

マット

9 ラッコさん

準備するもの
マット

年少組　年中組　年長組

●練習のポイント
写真，絵，お話などで，子どもたちにラッコのイメージを認識させてみましょう。

かわいさ	♥♥♥♥♥
かっこよさ	★★★
見栄え	♪♪♪♪

●注意すること
じょうずにできないときは，両手をマットについて頭のほうへからだを押し出すようにしてみましょう。

はじめにマットの上で仰向けになって，両手をグーにして胸に置きます。そして頭が進行方向になるようにして，足とからだを使ってマットの端から端まで移動します。

マット　　　見栄えのする運動会の種目BEST60

10 ライオンさん

準備するもの
マット

年少組　年中組　年長組

●練習のポイント
写真，絵，お話などで，子どもたちにライオンのイメージを認識させてみましょう。

かわいさ　♥♥♥♥♥
かっこよさ　★★★
見栄え　♪♪♪♪

●注意すること
子どもたちにライオンをイメージさせることで，それぞれ思い思いのいろいろなライオンが生まれます。

はじめにマットの上で手と膝をついて四つんばいになります。ライオンのマネをしながら手と膝を使ってマットの端から端まで移動します。

がオ〜

マット

11 かえるさん

準備するもの
マット

年少組　年中組　年長組

●練習のポイント
はじめに、しっかりとかえるのポーズ（しゃがんで両手をマットにつけること）をとりましょう。

かわいさ	♥♥♥♥♥
かっこよさ	★★★
見栄え	♪♪♪♪

●注意すること
速く跳ぶことよりも、一回一回ゆっくりと両手をつくこと。しゃがむつもりでやってみましょう。

はじめにマットの上でしゃがんで両手をついてかえるのポーズをとります。そのままのかっこうでかえるが跳ねるようにしてマットの端から端まで移動します。

マット　　　　　　　　　　　　　　見栄えのする運動会の種目BEST60

12　丘をこえて

準備するもの
マット2枚

年少組　年中組　年長組

●練習のポイント
「乗り越える」というイメージと意欲を持たせましょう。（子どもに意欲を持たせることば……「探検」「冒険」「宝探し」「勇気」「助ける」など。）

かわいさ　♥♥♥♥♥
かっこよさ　★★★
見栄え　♪♪♪

●注意すること
丸めるマットの枚数を増やすことで，大きさ（高さ）を調節することもできます。

マットを2枚用意します。1枚をロールケーキのように丸めて，その上にもう1枚のマットをかぶせて小さな山をつくります。子どもは小さな山を乗り越えるようにしてマットの上を乗り越えます。

できるようになったら「18　お山のぼり」（とび箱）にも挑戦してみましょう。

マット

13 おいもコロコロ

準備するもの
マット

年少組　年中組　年長組

●練習のポイント
はじめにスタートの姿勢（仰向けになること，両手を頭の上であわせること）を，しっかりとつくりましょう。

かわいさ　♥♥♥♥
かっこよさ　★★★★
見栄え　♪♪♪♪

●注意すること
からだをまっすぐにするよう意識させましょう。からだが曲がると，じょうずに転がることができません。

はじめにマットの上で両手を頭の上であわせて仰向けになります。そのままのかっこうで棒が転がるようにしてマットの端から端まで回転します。

マット　　　見栄えのする運動会の種目BEST60

14 ロングおいもコロコロ

準備するもの
マット2枚

年少組　年中組　年長組

かわいさ　♥♥♥♥♥
かっこよさ　★★★
見栄え　♪♪♪♪

●**練習のポイント**

はじめは大人が転がるタイミングをとってあげましょう。「コロン，コロン……」。転がるタイミングがあわないと，じょうずに転がることができません。

●**注意すること**

子どもたちはお互いの手首をつかむようにすると，手が離れにくくなります。

子ども2人一組で行います。マットを2枚あわせて敷いて，子どもは頭の上で両手をつないで仰向けになります。そのままのかっこうで棒が転がるようにしてマットの端から端まで回転します。

マット

15 ダブルおいもコロコロ

準備するもの
マット

年少組　年中組　年長組

●練習のポイント
はじめに2人が抱きかかえるポーズをしっかりとつくりましょう。

かわいさ	♥♥♥♥♥
かっこよさ	★★★
見栄え	♪♪♪♪

●注意すること
お互いの頬をくっつけるつもりでやってみましょう。こうすることで，からだをしっかりとくっつけることができます。

子ども2人一組で行います。はじめにマットの上でひとりが仰向けになって，もうひとりが上から抱き合うようにして上に重なります。そのままのかっこうでお互いに両手でからだをしっかり支え合いながら棒が転がるようにして，マットの端から端まで回転します。

マット　　　　　　　　　見栄えのする運動会の種目BEST60

16 前転

準備するもの

マット

年少組　年中組　年長組

● **練習のポイント**

両足の間に頭をしっかりと入れてみましょう。

かわいさ	♥♥♥♥♥
かっこよさ	★★★★★
見栄え	♪♪♪♪♪

● **注意すること**

頭をしっかり入れないと，じょうずに転がることができません。そういうときは，大人が（子どもの）後頭部を軽く押して，頭を足の間に入れてあげましょう。

はじめにマットの上で足を肩幅に開いて立ちます。そして，手をつまさきの前について頭を両足の間に入れるようにして，からだを小さく丸めながら前に回転します。

マット

17 連続前転

●準備するもの
マット2枚

年少組　年中組　**年長組**

●練習のポイント
はじめに，（連続でなく）1回転だけをゆっくりとていねいにトライしましょう。1回転がじょうずにできれば2回転できます。

かわいさ　♥♥♥
かっこよさ　★★★★★
見栄え　♪♪♪♪♪

●注意すること
2回連続でやるというよりも，1回ずつ，しっかりと頭を入れるつもりでやってみましょう。

マットを2枚つなげて長くします。はじめに子どもは両足を肩幅に広げて両手を足の前につきます。そして頭を足の間に入れるようにして前に回転します。一回転して足がついたら，もう一度立ち上がって同じことを繰り返します。

とび箱

18 お山のぼり

準備するもの

とび箱，マット

年少組　年中組　年長組

● **練習のポイント**

鉄棒を使って，跳びつくことにトライしてみましょう。こうすることで，からだの支え方，ふみきりのやり方（両足で地面を蹴ること）を覚えることができます。

かわいさ　♥♥♥
かっこよさ　★★★★★
見栄え　♪♪♪♪♪

● **注意すること**

もしも，とび箱が2台以上あれば，それぞれとび箱の高さを変えて跳んでみましょう。そうすることで，少しでも子どもの，年齢，体格，運動能力にあわせることができます。

とび箱の上にふとんを干すようにマットをかぶせます。子どもは，とび箱の上に両手をついて，跳びついてから，上までよじのぼります。

見栄えのする運動会の種目BEST60

とび箱

19 とびつきお山のぼり

準備するもの
とび箱，マット，ふみきり板

年少組 　年中組　 年長組

●練習のポイント
ふみきり板からとび箱に跳びつくことをイメージさせましょう。（ことばがけの例：「山のてっぺんに両手をついて」「川に落ちないように」）

かわいさ　♥♥♥
かっこよさ　★★★★★
見栄え　♪♪♪♪♪

●注意すること
とび箱とふみきり板の間隔は，10センチぐらいから始めて，様子を見て徐々に広げてみましょう。

とび箱の上にふとんを干すようにマットをかぶせます。とび箱から30センチぐらい離れたところにふみきり板を置きます。子どもは，助走をつけてふみきり板でジャンプをしてとび箱に跳びついてよじのぼります。

とび箱　　　　　　　　　　　　　見栄えのする運動会の種目BEST60

20 小さなお山のぼり

準備するもの

とび箱（一番上の段），マット

年少組　年中組　年長組

かわいさ　♥♥♥♥
かっこよさ　★★★
見栄え　♪♪♪♪

● **練習のポイント**

「乗り越える」というイメージと意欲を持たせましょう。（子どもに意欲を持たせることば……「探検」「冒険」「宝探し」「勇気」「助ける」など。）

● **注意すること**

とび箱の高さは，1段（一番低い高さ）から始めて，様子を見ながら，2段，3段と高くしてみましょう。

とび箱の一番上の段とマットを1枚用意します。とび箱の上にマットをかぶせて小さな山をつくります。子どもは，とび箱とマットでできた小さな山の上を乗り越えます。

とび箱

21 ハイポーズ

準備するもの
とび箱，マット

年少組　年中組　年長組

●練習のポイント
あらかじめ，どんなポーズにするか決めて（または子どもに決めさせて）おきましょう。

かわいさ　♥♥♥♥♥
かっこよさ　★★★★
見栄え　♪♪♪♪♪

●注意すること
子どもが跳び下りるところにも，マットをもう1枚敷いておきましょう。

とび箱の上に布団を干すようにマットをかぶせます。子どもは，その上によじのぼります。とび箱の上によじのぼったら，ゆっくりと立ち上がって，ひとつポーズを決めます。

とび箱　　　　　　　　　　　　　見栄えのする運動会の種目BEST60

22 開脚とび／よこ

準備するもの
とび箱，マット，ふみきり板

年少組　年中組　**年長組**

かわいさ　♥♥♥
かっこよさ　★★★★★
見栄え　♪♪♪♪♪

●練習のポイント
はじめは，とび箱を低くして助走をつけずにトライしてみましょう。跳ぶ（ジャンプする）というよりも，足を開いてまたいで越すというイメージでやってみましょう。

●注意すること
子どもがとび箱を跳ぶときは，必ず大人がとび箱の横で補助をしてあげましょう。こうすることで，子どもが手や顔から前に落ちることを防ぐことができます。（補助のしかたは38ページ参照）

とび箱を横むきに置きます。助走をつけてふみきり板でジャンプをして，両手を遠く（とび箱の端っこ）について，両足を開いてとび箱を跳び越します。

とび箱

23 開脚とび／たて

準備するもの
とび箱，マット，ふみきり板

(年少組) (年中組) **年長組**

かわいさ ♥♥♥
かっこよさ ★★★★★
見栄え ♪♪♪♪♪

●練習のポイント
はじめに，とび箱を横に置いて跳ぶこと（67ページ参照）にトライしてみましょう。とび箱を横に置いて跳ぶほうが，子どもにとってはより簡単です。

●注意すること
子どもがとび箱を跳ぶときは，必ず大人がとび箱の横で補助をしてあげましょう。こうすることで，子どもが手や顔から前に落ちることを防ぐことができます。（補助のしかたは38ページ参照）

とび箱をたてにして置きます。助走をつけてふみきり板でジャンプをして，両手を遠く（とび箱の端っこ）について，両足を開いてとび箱を跳び越します。

平均台

見栄えのする運動会の種目BEST60

24 ふたりでいっしょに

準備するもの
平均台

年少組　年中組　年長組

●練習のポイント
はじめにひとりずつゆっくり歩いてみましょう。

かわいさ　♥♥♥♥♥
かっこよさ　★★★
見栄え　♪♪♪♪

●注意すること
とび箱や大きな積み木などで踏み台をつくると，平均台の上り下りが楽になります。

　子ども2人一組で行います。1本の平均台の上を子どもが2人同時に手をつないで端から端まで歩きます。

平均台

25 ハンドインハンド

●準備するもの
平均台2本

年少組　年中組　年長組

かわいさ　♥♥♥♥♥
かっこよさ　★★★
見栄え　♪♪♪♪

●練習のポイント
はじめはひとりで平均台を歩いてみましょう。

●注意すること
すぐに手を出せるように，大人が子どもの横で補助してあげましょう。

子ども2人一組で行います。2本の平均台を平行になるように並べて置いて，子どもはペアで手をつなぎながら2本の平均台にひとりずつ乗って，平均台の端から端まで歩きます。

平均台　　　見栄えのする運動会の種目BEST60

26 カニさん歩き

●準備するもの
平均台

年少組　年中組　年長組

●練習のポイント
はじめに平地で横歩き（足を横に出して動く）をしてみましょう。

かわいさ　♥♥♥♥
かっこよさ　★★★
見栄え　♪♪♪♪

●注意すること
すぐに手を出せるように，大人が子どもの横で補助してあげましょう。

はじめに平均台の上を進行方向に向かって横を向いて立ちます。そのままのかっこうで，横を向いたまま横歩きをしながら平均台の端から端まで歩きます。

平均台

27 くまさん歩き

●準備するもの
平均台2本

年少組　年中組　年長組

●練習のポイント
はじめに平らなところで両手をついて歩いてみましょう。

かわいさ　♥♥♥♥
かっこよさ　★★★
見栄え　♪♪♪♪

●注意すること
膝は平均台につけないようにしましょう。

　平均台を2本平行に並べて置きます。子どもは2本の平均台にまたがるようにして立ちます。そのままのかっこうで手をついて，手と足を使って平均台の端から端まで歩きます。

平均台　　　見栄えのする運動会の種目BEST60

28 バックオーライ

準備するもの
平均台

年少組　年中組　**年長組**

●練習のポイント
はじめに平らなところで後ろを向いて歩いてみましょう。

かわいさ　♥♥♥
かっこよさ　★★★★★
見栄え　♪♪♪♪♪

●注意すること
いつでもすぐに手を出せるように，大人は子どもの横で補助をしてあげましょう。

はじめに平均台の上に進行方向に向かって後ろ向きに立ちます。そのままのかっこうで後ろを向いたまま平均台の端から端まで歩きます。

平均台

29 方向転換

準備するもの

平均台

年少組 年中組 (年長組)

●**練習のポイント**

はじめに平らなところに線を引いて、その上で方向転換（前向きから後ろ向きになる）をしてみましょう。なわとびの上でも同じように練習することができます。

かわいさ ♥♥♥♥♥
かっこよさ ★★★★★
見栄え ♪♪♪♪♪

●**注意すること**

いつでもすぐに手を出せるように、大人は子どもの横で補助をしてあげましょう。

はじめに平均台の上を、進行方向（前）を向いて中間まで歩きます。中間地点まで行ったら方向転換をして進行方向に対して後ろ向きになります。そのままのかっこうで残り半分を後ろ向きで歩きます。

鉄棒　　　　　　　　　　　見栄えのする運動会の種目BEST60

30 ウォールジャンプ

準備するもの

鉄棒，マット

年少組　年中組　**年長組**

●**練習のポイント**

はじめに鉄棒に跳びついて，腕を伸ばしてからだを支えてみましょう。

かわいさ　♥♥♥
かっこよさ　★★★★★
見栄え　♪♪♪♪

●**注意すること**

大人は子どもの横で片腕を持って補助してあげましょう。特に，子どもが鉄棒をまたぐときに，からだが不安定になります。安全のためマットを下に敷いて行いましょう。

　はじめに親指が下になるようにして両手で鉄棒を上から握ります。そして鉄棒に跳びついてから腕を伸ばしてからだを支えるかっこうになったら，片足で鉄棒をまたぎます。残った足も同じようにして両足が鉄棒を乗り越えたら着地します。

鉄棒

31 豚のまるやき

■準備するもの
鉄棒，マット

年少組　年中組　年長組

●練習のポイント
はじめに正しい鉄棒の握り方を覚えましょう。（教え方の例：天狗の鼻をつくるときのようにetc）

かわいさ　♥♥♥♥
かっこよさ　★★★
見栄え　♪♪♪♪

●注意すること
大人は子どもの手首を持ってあげましょう。こうすることで，子どもが落ちることを防ぐことができます。安全のためマットを下に敷いて行いましょう。

はじめに鉄棒の真下で，野球のバットを握るようにして鉄棒を握ります。そのままのかっこうで，両足を持ち上げて鉄棒に引っ掛けて手と足で鉄棒にぶら下がります。

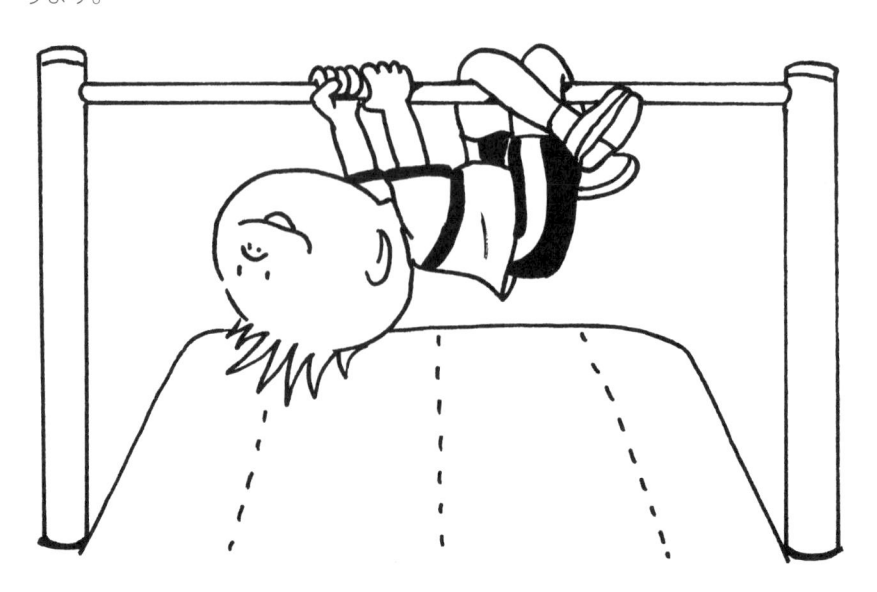

鉄　棒　　　　　　　　　　　　見栄えのする運動会の種目BEST60

32 前まわり

準備するもの

鉄棒，マット

年少組　年中組　年長組

かわいさ　♥♥♥
かっこよさ　★★★★★
見栄え　♪♪♪♪

●**練習のポイント**

はじめに1回転せずに，鉄棒に跳びつくことだけをやってみましょう。

●**注意すること**

回転をするときに，大人は子どもの手首をつかんであげましょう。こうすることで，子どもが鉄棒から落下することを防ぐことができます。安全のためマットを敷いて行いましょう。

はじめに親指が下になるようにして鉄棒を握ります。そして鉄棒に跳びついて両手を伸ばしてからだを支えます。最後におじぎをするように頭を下げてからだを小さく丸めながら，前に1回転して着地します。

鉄棒

33 足かけまわり

準備するもの
鉄棒，マット

年少組 年中組 年長組

●練習のポイント
はじめに，両足を持ち上げてひざを曲げて鉄棒にぶら下がってみましょう。

かわいさ ♥♥♥
かっこよさ ★★★★
見栄え ♪♪♪

●注意すること
1回転するときに，子どもの手首を大人が持ってあげましょう。こうすることで，子どもが落下することを防ぐことができます。安全のためマットを下に敷いて行いましょう。

はじめに親指が上になるようにして鉄棒を下から握ります。そしてどちらか片方の足を鉄棒にかけて，残った足も同じように鉄棒にかけます。そのまま鉄棒から両足を抜いて1回転して着地します。

鉄　棒

見栄えのする運動会の種目BEST60

34 逆あがり

準備するもの
鉄棒，マット

（年少組）（年中組）**年長組**

かわいさ　♥♥♥
かっこよさ　★★★★★
見栄え　♪♪♪♪♪

●練習のポイント
はじめに足かけまわり（78ページ）をやってみましょう。

●注意すること
1回転するときに，子どもの手首を大人が持ってあげましょう。こうすることで，子どもが落下することを防ぐことができます。安全のためマットを下に敷いて行いましょう。

　はじめに，親指が上になるようにして鉄棒を下から握ります。そして地面を蹴って両足を上に持ち上げて頭が下になるようにします。そのまま後ろ向きに1回転して着地します。

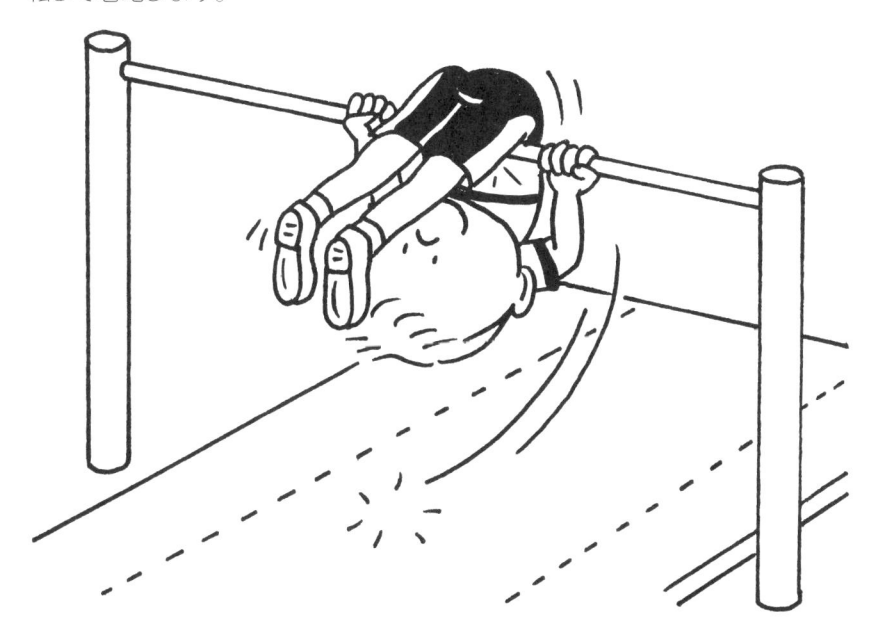

組体操

35 空を飛ぼう

準備するもの
なし

年少組　年中組　年長組

● **練習のポイント**

両手を持ち上げることと，両足を持ち上げることを別々に行ってから，同時に持ち上げてみましょう。かけ声を入れるとさらにそれらしくなります。「ジュワッチ！」

かわいさ	♥♥♥
かっこよさ	★★★★
見栄え	♪♪♪♪

● **注意すること**

あまり背中を反りすぎないようにしましょう。手と足を床から10センチぐらい浮かせることを目安にしてみましょう。

子どもひとりで行います。はじめにうつぶせになって両手を前に伸ばします。そして手と足を持ち上げて少し背中を反らせて空を飛ぶようなポーズをつくります。

ジュワッチ！

組体操

36 かかし

見栄えのする運動会の種目BEST60

準備するもの
なし

年少組　年中組　年長組

●練習のポイント
はじめに両足をついて，しっかりとひじを伸ばして手を横に広げてみましょう。（腕だけの練習をしましょう。）

かわいさ　♥♥♥
かっこよさ　★★★★
見栄え　♪♪♪♪

●注意すること
両手を横に広げるときに，ひじを伸ばすことを意識させましょう。ひじが伸びることでより見栄えのよい仕上がりになります。

子どもひとりで行います。両手を横に広げて片足立ちでバランスをとります。

組体操

37 ヨット

準備するもの
なし

年少組　年中組　**年長組**

かわいさ　♥♥♥
かっこよさ　★★★★★
見栄え　♪♪♪♪

●練習のポイント
下になっている方の足を少し後ろに引いてみましょう。両足をそろえてしまうと，バランスが不安定になります。

●注意すること
お尻が下にさがらないようにしましょう。おへそに力を入れる意識を持たせるとよいでしょう。

子どもひとりで行います。はじめに片手を床につけて，足を伸ばしてからだをまっすぐにします。そして反対の手を上に伸ばします。

組体操　　　　　　　　　　　見栄えのする運動会の種目BEST60

38 ブリッジ

準備するもの
なし

(年少組) (年中組) **(年長組)**

かわいさ　♥♥♥
かっこよさ　★★★★★
見栄え　♪♪♪♪♪

●**練習のポイント**

はじめにお尻を持ち上げる前のかっこうを覚えましょう。ポイントは膝を直角に曲げることと，両手を耳のところで床につけることの2つです。

●**注意すること**

お尻がうまく持ち上がらないときは，大人がお尻を下から支えて補助してあげましょう。

子どもひとりで行います。はじめに仰向けになってひざを直角に曲げます。そして両手を耳のところで床について，お尻を持ち上げながら頭のてっぺんを床につけます。

組体操

39 2段ベッド

準備するもの
なし

(年少組) (年中組) **(年長組)**

●練習のポイント
腕を伸ばす前の準備段階のかっこうを覚えましょう。(足を肩幅に開くこと。ひじをからだにつけること。)

かわいさ　♥♥♥
かっこよさ　★★★★★
見栄え　♪♪♪♪♪

●注意すること
できるだけ、上下の子どもを交替して行いましょう。(2段ベッド下と上の両方の経験をさせてあげましょう。)

子ども2人一組で行います。はじめにひとりが仰向けになってもうひとりは足首を持って重なるようにしてうつぶせになります。お互いが足首を持ったまま、腕を伸ばします。

40 サッカー

組体操

見栄えのする運動会の種目BEST60

準備するもの
なし

年少組 年中組 **年長組**

●練習のポイント
あらかじめマットの上で前転をやっておきましょう。

かわいさ　♥♥♥♥
かっこよさ　★★★★★
見栄え　♪♪♪♪

●注意すること
できるだけ役割を交替してやってみましょう。お互いの役割の違いを体験させてみましょう。

子ども2人一組で行います。はじめにひとりがキック（ボールを蹴るマネ）をします。次にもうひとりが前転（ボールが転がるマネ）をします。

組体操

41 オートバイ

準備するもの
なし

年少組 　年中組　 年長組

●**練習のポイント**
腕の持ち方を覚えましょう。（お互いが，相手のひじをつかみます。）

かわいさ　♥♥♥
かっこよさ　★★★★★
見栄え　♪♪♪♪

●**注意すること**
上になる子どもは後ろに倒れるようにして下の子どもをゆっくりと引っ張りあげるようにしましょう。

子ども2人一組で行います。はじめにひとりがうつぶせになってもうひとりはその上に座ります。そしてお互いが腕（お互いのひじ）を持って，上に座っている子どもが下の子どものからだをゆっくりと引っ張りあげます。

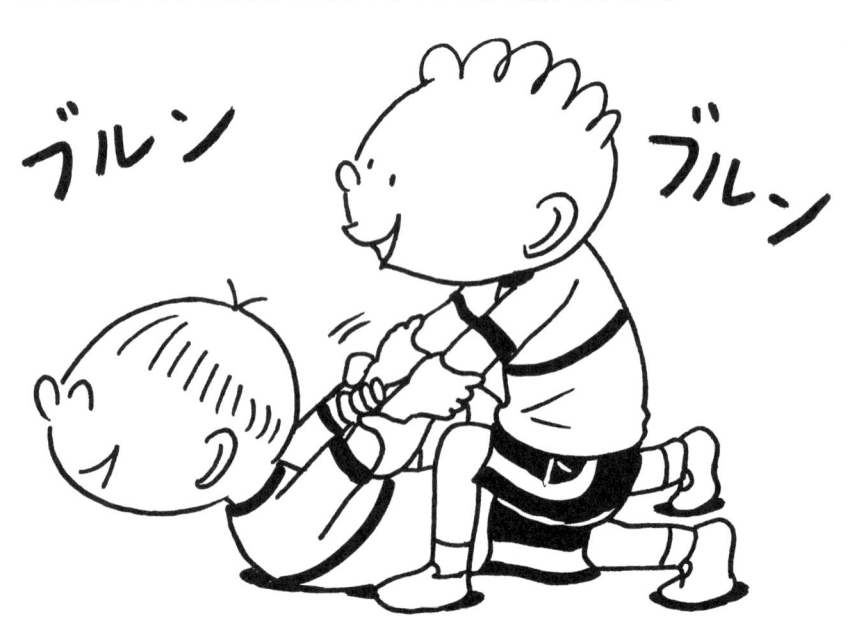

ブルン　　ブルン

組体操 　　　見栄えのする運動会の種目BEST60

42 飛行機

準備するもの
なし

年少組　年中組　**年長組**

かわいさ ♥♥♥♥♥
かっこよさ ★★★
見栄え ♪♪♪♪

●練習のポイント
持ち上げる前の準備段階のポーズをしっかりと覚えましょう。（準備のポーズをしっかりと覚えることが，完成につながります。）

●注意すること
足を持ち上げる子どもは，片膝をついて座りましょう。こうすることで，足を前後にひらいて力を入れやすくなります。

子ども2人一組で行います。はじめにひとりが両手を床について，もうひとりは片膝をついてしゃがんで両足を肩の上に担ぎます。そして，両足を肩にかついだままのかっこうでゆっくりと立ち上がって両手を横に広げます。

組体操

43 おうぎ

準備するもの
なし

年少組 年中組 **年長組**

かわいさ　♥♥♥
かっこよさ　★★★★★
見栄え　♪♪♪♪♪

● **練習のポイント**
床につく手は，できるだけ遠くにつきましょう。遠くに手をつくことでよりきれいな仕上がりになります。

● **注意すること**
両サイドの子どもは，内側の足を真ん中の人の足にくっつけます。外側の足は，少し後ろ側に下げます。そうすることで，両サイドの子どもがよりからだを安定して支えることができます。

子ども3人一組で行います。はじめに3人で手をつないで横一列に並びます。そして両サイドの子どもは手をつないだまま，外側の手を床につけてからだをまっすぐに伸ばします。

44 タワー

準備するもの
なし

年少組　年中組　**年長組**

●練習のポイント
はじめに子どもたちひとりひとりが，馬のつくり方を覚えましょう。じょうずな馬のつくり方は，ひじを伸ばすことと，膝を直角に曲げること，足を肩幅にひらくことです。

かわいさ	♥♥♥
かっこよさ	★★★★★
見栄え	♪♪♪♪♪

●注意すること
上に乗る子どもは，馬になっている子どものお尻の上に立つようにしましょう。背中の上に立つと，子どものからだに余計な負担がかかってしまいます。

子ども3人一組で行います。はじめに2人が手と膝をついて馬のかっこうになります。次に残ったもうひとりが，ゆっくりとその上に立ち上がって両手を横に広げます。

組体操

45 バナナ

準備するもの
なし

年少組　年中組　年長組

●練習のポイント
両サイドの子どもは，「バンザイ→お尻をつく→後ろに倒れる」の順番を覚えましょう。

かわいさ　♥♥♥♥♥
かっこよさ　★★★
見栄え　♪♪♪♪♪

●注意すること
両サイドの子どもは，ゆっくり，やわらかい動きになるように意識させましょう。ゆっくりとやわらかく動くと，バナナの皮がむけるように見えます。「バナナになったつもりで」やってみましょう。

子ども3人一組で行います。はじめに3人が横一列に並びます。次に真ん中の子どもは両手を頭の上であわせて，両サイドの子どもは真ん中の子どもに抱きつくようにしてからだをくっつけます。

最後に合図と同時に，両サイドの子どもはバンザイしてお尻をついて後ろへ倒れます。

組体操

46 ピラミッド

準備するもの
なし

（年少組）（年中組）**年長組**

● **練習のポイント**

あらかじめ子どもたちひとりひとりが，馬のつくり方を覚えましょう。じょうずな馬のつくり方は，ひじを伸ばすこと，膝を直角に曲げること，足を肩幅にひらくことの3つです。

かわいさ	♥♥♥
かっこよさ	★★★★★
見栄え	♪♪♪♪♪

● **注意すること**

馬をじょうずにつくる3つのポイントをしっかり認識させましょう。ポイントのいずれか1つでも欠けると，馬が不安定になります。

子ども3人一組で行います。はじめに2人が手と膝を床について馬のかっこうになります。そして残ったもうひとりがその上で同じように馬のかっこうになって，みんなが顔を上げます（前を向く）。

組体操

47 ロケット

●準備するもの
なし

年少組 年中組 年長組

●練習のポイント
はじめのしゃがんだときのかっこうをしっかりと覚えましょう。

かわいさ ♥♥♥♥♥
かっこよさ ★★★
見栄え ♪♪♪♪

●注意すること
子どもたちに素早く動く意識を持たせましょう。(素早く立つ。素早く足を伸ばす。)

子ども3人一組で行います。はじめにひとりが頭の上で手をあわせてしゃがみます。ほかの2人は両サイドで真ん中の子どもの方を向いて手を床についてしゃがみます。そして合図と同時に、真ん中の子どもは立ち上がり、両サイドの子どもは足を後ろに伸ばします。

組体操

48 花

準備するもの

なし

年少組　年中組　年長組

● **練習のポイント**

バンザイをするように大きく手を上げてから、ゆっくりと後ろへ倒れてみましょう。そうすることで、花がパッときれいにひらくように見えます。

かわいさ	♥♥♥♥♥
かっこよさ	★★★★★
見栄え	♪♪♪♪♪

● **注意すること**

足を伸ばすときは、足首を伸ばすように意識させましょう。足首を伸ばすことで、きれいな仕上がりになります。

子ども6人一組で行います。はじめに6人で手をつないで、丸くなって座ります。次に手をつないだまま両手を上げてそのままのかっこうで後ろへ倒れます。最後に両足をそろえて上に伸ばします。

組体操

49 3段ピラミッド

●準備するもの
なし

年少組 年中組 **年長組**

●練習のポイント
一段ずつ区切って，ゆっくりとつくっていきましょう。

かわいさ ♥♥♥
かっこよさ ★★★★★
見栄え ♪♪♪♪♪

●注意すること
2段目の子どもは，手を背中の上に置くだけで足は上にのせません。そうすることで，下の子どもへのからだの負担を少なくすることができます。

子ども6人一組で行います。はじめに3人が横に並んで手と膝をついて馬をつくります。次にほかの2人がその背中の上に両手をついて中段の馬をつくります。最後に残ったひとりが一番上にあがって馬をつくったらみんなが顔を上げます（前を向く）。

組体操　見栄えのする運動会の種目BEST60

50 人間ドミノ

●準備するもの
なし

年少組　年中組　**年長組**

かわいさ	♥♥♥♥♥
かっこよさ	★★★★★
見栄え	♪♪♪♪♪

●練習のポイント
座るときの正しいかっこうを覚えましょう。じょうずな座り方は，足を肩幅に広げることと，お尻を上げることの2つです。

●注意すること
子どもたちには，前の人の後頭部を見るように意識させましょう。後ろを振り返ると，じょうずに倒れることができません。

クラスの子ども全員で行います。はじめに全員が一列に並んで膝をついて座ります。このときにお尻を持ち上げて両手を前に出します。そして，大人が一番後ろの子どもの背中を軽く押してあげると，後ろの子どもから順番に前へ倒れていきます。

バルーン

51 メリーゴーランド

準備するもの
バルーン

年少組 年中組 年長組

●練習のポイント
バルーンを持ってただ動くのではなく，片手でバルーンをしっかりと引っ張りながら動いてみましょう。

かわいさ	♥♥♥
かっこよさ	★★★★★
見栄え	♪♪♪♪♪

●注意すること
バルーンの円周よりも，もうひとまわり大きな円周を走るつもりで動いてみましょう。

クラスの子ども全員で行います。はじめにバルーンを両手で持ちます。そして，片方の手をバルーンから離して水平に横に伸ばします。そのままのかっこうでバルーンが回転するように移動します。

バルーン　　　　　　　　　見栄えのする運動会の種目BEST60

52 アドバルーン

準備するもの

バルーン

年少組　年中組　**年長組**

● **練習のポイント**

バルーンを持ち上げるときには，片膝をついて座った姿勢から立ち上がりましょう。

かわいさ　♥♥♥♥
かっこよさ　★★★★★
見栄え　♪♪♪♪♪

● **注意すること**

上に持ち上げるというよりも，後ろに引っ張るつもりで持ち上げましょう。そうすることで，バルーンにしわができずにしっかりと張ることができて，そのあとの空気の閉じ込めがじょうずにできます。

クラスの子ども全員で行います。はじめにバルーンを両手で持って片膝をついて座ります。そこから立ち上がりながらバルーンを上に持ち上げます。持ち上げたら空気を閉じ込めるようにして，全員が中央に集まります。中に空気が入ったバルーンはアドバルーンのように大きく膨らみます。

バルーン

53 テント

準備するもの
バルーン

年少組 年中組 年長組

●練習のポイント
バルーンを持ち上げるときには，片膝をついて座った姿勢から立ち上がりましょう。

かわいさ　♥♥♥♥
かっこよさ　★★★★★
見栄え　♪♪♪♪♪

●注意すること
バルーンは上に持ち上げるというよりも，後ろに（引っ張りながら）持ち上げる意識をもたせましょう。バルーンにしわができずにしっかりと張ることが，じょうずに空気を閉じ込めることにつながります。

クラスの子ども全員で行います。はじめにバルーンを両手で持って片膝をついて座ります。そこから立ち上がりながらバルーンを上に持ち上げます。持ち上げたら空気を閉じ込めるようにしてバルーンを下へおろします。そのまま，バルーンの端っこに体操（お山）座りをします。

バルーン

見栄えのする運動会の種目BEST60

54 ホットケーキ

準備するもの

バルーン

年少組　年中組　年長組

● **練習のポイント**

バルーンを持ち上げるときには，片膝をついて座った姿勢から立ち上がりましょう。

かわいさ	♥♥♥♥
かっこよさ	★★★★★
見栄え	♪♪♪♪♪

● **注意すること**

バルーンは上に持ち上げるというよりも，後ろに（引っ張りながら）持ち上げる意識をもたせましょう。バルーンにしわができずにしっかりと張ることが，じょうずに空気を閉じ込めることにつながります。

クラスの子ども全員で行います。はじめにバルーンを両手で持って片膝をついて座ります。そこから立ち上がりながらバルーンを上に持ち上げます。持ち上げたら空気を閉じ込めるようにして，素早くバルーンの中にもぐりこみます。もぐりこんだら，バルーンの端っこに体操（お山）座りをします。

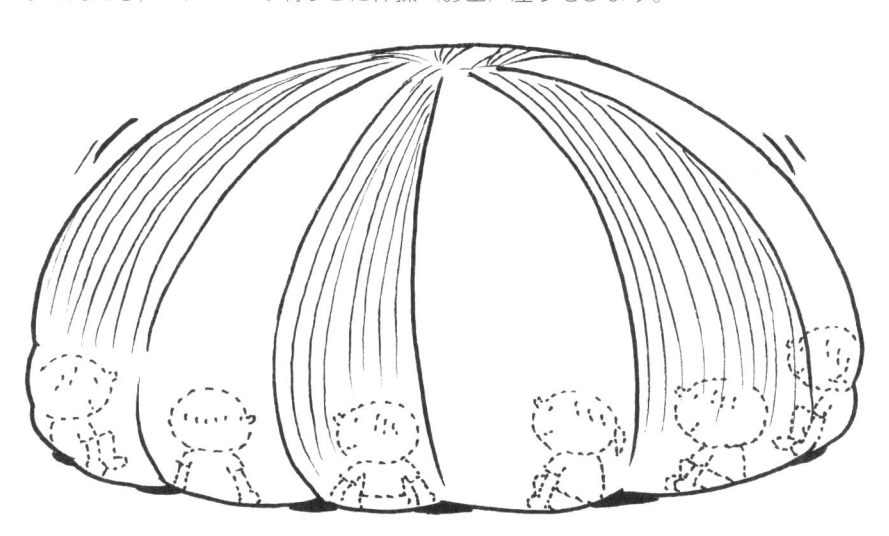

バルーン

55 ウエーブ

準備するもの
バルーン

年少組　年中組　年長組

●練習のポイント
ただ手を上下に動かすのではなく、バルーンを引っ張りながら、上下に動かしてみましょう。

かわいさ　♥♥♥
かっこよさ　★★★★★
見栄え　♪♪♪♪♪

●注意すること
バルーンを持つときは、肩幅で（バルーンの）上から親指が下になるように5本の指でしっかりとつかみましょう。下から持つよりも上から持つほうが、しっかりとつかむことができます。バルーンのすべての種目に共通する基本の持ち方です。

クラスの子ども全員で行います。はじめに立ったまま両手でバルーンを持ちます。そして、子どもたちそれぞれがバラバラに手を上下に素早く動かします。

入　場

56 ニョロニョロへび

準備するもの
大なわとび

年少組　年中組　年長組

●練習のポイント
ひとりが跳んだらすぐに次の人が跳べるように，テンポよく跳ぶことにトライしてみましょう。

かわいさ　♥♥♥♥♥
かっこよさ　★★★
見栄え　♪♪♪♪

●注意すること
じょうずにテンポよく跳ぶためには，かけ声をかけたり，子どもの背中を押したり，大人がタイミングを教えてあげましょう。

クラスの子ども全員で行います。はじめに子どもたちは入場門のところに一列に並びます。そして，へびのように動いているなわの上を跳び越えてから入場します。

入　場

57 グルグルくぐり

準備するもの

大なわとび

年少組　年中組　年長組

●**練習のポイント**

大なわを回すときは，必ず上から子どもたちの方に向かって回しましょう。反対に回してしまうと，くぐりぬけることがとても難しくなってしまいます。

かわいさ　♥♥♥♥
かっこよさ　★★★★★
見栄え　♪♪♪♪♪

●**注意すること**

もしも子どもがなわとびに引っかかってしまったら，なわとびを離してあげましょう。そうすることで，なわにつまずいて転ぶことを防げます。

クラスの子ども全員で行います。はじめに子どもたちは入場門のところに一列に並びます。そして先頭の子どもから順番に，ぐるぐる回転している大なわとびにぶつからないようくぐりぬけて入場します。

入　場

見栄えのする運動会の種目BEST60

58 グルグルぴょん

準備するもの
大なわとび

年少組　年中組　**年長組**

● **練習のポイント**

大なわに入るタイミングは，背中を押したり，かけ声をかけたりして，大人が教えてあげましょう。

かわいさ	♥♥♥
かっこよさ	★★★★★
見栄え	♪♪♪♪♪

● **注意すること**

大なわを回すときは，子どもたちがタイミングをとるというよりも，子どもたちが跳べるように大人が子どもにタイミングを合わせてあげましょう。

クラスの子ども全員で行います。はじめに子どもたちは入場門のところに一列に並びます。そして先頭の子どもから順番に，大なわを1回跳んでから入場します。

入 場

59 かけ声＆行進

■ 準備するもの

なし

年少組　年中組　年長組

● 練習のポイント

はじめに行進をせずに、曲に合わせてかけ声をかけてみましょう。

（曲とかけ声の例：「線路は続くよどこまでも」「ポッポー」）

かわいさ　♥♥♥♥♥
かっこよさ　★★★★★
見栄え　♪♪♪♪

● 注意すること

大きな口をあけて声を出しましょう。本番のときは声が小さくなりがちです。大きな口をあけることで自然と大きな声になります。

クラスの子ども全員で行います。はじめに子どもたちは入場門のところに整列します。そして行進曲にあわせて歩きながら（入場しながら）、みんなでそろってかけ声をかけます。

入　場

60 かけ声&かけ足

見栄えのする運動会の種目BEST60

準備するもの
なし

年少組　年中組　年長組

●練習のポイント
口を大きくあけて声を出しましょう。「大きな声で」よりも「口を大きくあけて」と教えると，自然と大きな声になります。

かわいさ　♥♥♥
かっこよさ　★★★★★
見栄え　♪♪♪♪♪

●注意すること
転ばないように，あらかじめ間隔をとってあげましょう。

クラスの子ども全員で行います。はじめに子どもたちは入場門のところに集まります。次に全員でかけ声をかけます。かけ声をかけたらすぐに走って入場します。高校野球のときに選手がベンチの前でかけ声をかけて走って整列する，あのイメージです。

大切なのは今？　それとも未来？

　運動会の発表種目を，どうすればより見栄えをよくすることができるか？　についてご紹介してまいりました。
　しかし，見栄えをよくするということだけを考えると，それほど難しいことではありません。見栄えをよくすることだけを考えていればいいわけですから。

　でも，ホントはきっとこうだと思います。見栄えをよくするために練習するのではなく，子どもたちに大人になるための大事なことを教えた結果が，見栄えのよくなることにつながるのです。だとすると，運動会で練習の成果を発表するということは，大人になるための大事なステップだと考えられます。これは，運動会だけに限ったことではありません。子どもたちの身の回りにおけることすべてに共通なことです。

　このことは，わかっていそうでもいざ現場に入ってしまうとなかなか気づきにくいことです。実際，ぼくもそうでした。なぜ，気づきにくいかというと，子どもたちの「今」を考えてしまうからです。

　「今」というのは，今すぐに，結果を出さなければいけないという状況のことです。または，それが期待されているということです。
　その期待に応えようとすれば，子どもの「未来」を考える余裕がなくなります。だって「今」すぐに結果を出すことを要求されているのですから，しょうがないのかもしれません。

でも未来を考えた「今」と，今だけを考えた「今」は違います。大人になることを考えた「今」と，子どものときだけを考えた「今」は違います。明日を考えた今日と，今日だけを考えた今日は違うのと同じことです。

　どちらを優先させるかは，大人が決めることになります。どちらが正しいとかの問題ではなく，どちらを優先させるかを決める前に，判断する材料を，もう一度見直してみてはいかがでしょうか？　そして判断する材料に，子どもたちの「未来」を入れて考えてみてはどうでしょうか。

　繰り返しますが，この本は運動会の発表種目をより見栄えをよく見せる方法について書いたものです。そして，その見栄えをよく見せる方法が，子どもたちの「未来」を考えるきっかけになれば幸いです。

2007年4月

斎 藤 道 雄

> 育成事業（コーチング）のご案内

さらなる保育スキルレベルアップを目指すみなさまへ

クオリティー・オブ・ライフ・ラボラトリー（QOL.LAB）では，保育士，幼稚園教諭の方々を対象として，さらなる保育スキルレベルアップを目的とした育成事業（コーチング）を行っています。コーチングとは，マンツーマン方式で参加者（依頼者）にあわせて，ゆっくりと，ていねいに，より質の高いスキルを身につけることを目的としています。

【コーチングの特徴】
- マンツーマン（1対1）で行います。
- 講演会（複数参加型）とはやり方が異なります。
- 参加者（依頼者）が，知りたい（悩んでいる）ことを，自分で考えるように導きます。

【コーチングのメリット】
- 本当に大事なことを考えることで，大事でないことに気づくことができるようになります。（仕事，保育などを進める上で，負担になっている（余計な）ことを減らすことにつながります。）
- 運動や遊びをとおして大事なことを考えることで，保育全般すべての大事なことを考えることにつながります。
- マンツーマンなので質疑応答がしやすく，その人にあったテーマをしぼりこむことができます。（講演会では人がテーマにあわせています。人がテーマにあわせるのではなく，人にテーマをあわせます。）
- 大事なことを考えることで，日常あいまいになっていることがクリアーになります。

【おもなコーチングテーマ】（一例です）
- 運動や遊びを保育にじょうずに利用する方法
- 何歳でどんな運動（からだを動かす遊び）をさせたらよいのか
- より安全性を高めるふだんの遊び方
- 知っておくと便利なすぐにその場でできる簡単な遊び・ゲーム
- 答えを教えるのではなく，子どもたちに質問して考えさせる方法
- ことばのエネルギーを利用する方法（グッドなことば，NGなことば）
- 協力する遊び・ゲーム／集中する遊び・ゲーム／瞬時に判断を要する遊び・ゲーム

> ★参加者の声★
> 「ほかの講演会などに色々参加したが，なかなか参考になるものがありませんでした。でも今回（のコーチングは）とてもわかりやすく，具体的な内容であり，今後に活かすことができます。」

育成事業の詳細は，ホームページをご覧ください。（アドレスは巻末に）

著者紹介

●斎藤道雄

　1965年福島県生まれ。
　国士舘大学体育学部卒業。(株)ワイルドスポーツクラブ(おもに幼児体育指導者を派遣する)を経て、1997年健康維持増進研究会設立。2007年クオリティー・オブ・ライフ・ラボラトリー(QOL.LAB)に改名。
　子どもからシニアまでを対象としたていねいでわかりやすい体操指導に定評がある。その指導経験を活かした、目先のことにとらわれない「本質を第一に考える」ことを目的とした育成事業(介護職員、保育士、幼稚園教諭などを対象)は、参加者から「感覚ではなく、きちんと理論に基づいた知識を得ることができた」「あいまいなことがはっきりしてスッキリした」など、多数の喜びの声が寄せられている。

おもな著書　　『3・4・5歳児の考える力を楽しく育てる簡単ゲーム39』『0～5歳児の運動する力を楽しく育てる簡単あそび47』(黎明書房)ほか多数。
おもな契約先　セントケア株式会社、早稲田速記医療福祉専門学校、東京スポーツレクリエーション専門学校、有料老人ホーム敬老園、ほか多数。

※育成事業の詳細についてはこちら……
　ホームページ　http://www.qollab.jp
※育成事業(コーチング)のお問い合わせはこちら……
　メール　m-saitoh@beach.ocn.ne.jp

＊イラスト：伊東美貴

幼稚園・保育園のかならず成功する運動会の種目60

2007年8月1日　初版発行

著　者	斎藤道雄
発行者	武馬久仁裕
デザイン	ホリコシミホ
印　刷	株式会社　太洋社
製　本	株式会社　太洋社

発　行　所　　株式会社　黎明書房

〒460-0002　名古屋市中区丸の内3-6-27　EBSビル
　　☎052-962-3045　FAX052-951-9065　振替・00880-1-59001
〒101-0051　東京連絡所・千代田区神田神保町1-32-2
　　　　　　南部ビル302号　☎03-3268-3470

落丁本・乱丁本はお取替します。　　ISBN978-4-654-06084-9
Ⓒ M. Saito 2007. Printed in Japan

3・4・5歳児の
考える力を楽しく育てる簡単ゲーム37

斎藤道雄著　Ａ５判・109頁　1700円

子育て支援シリーズ⑧　子どもたちの考える力（観察力・判断力・集中力などを楽しくのばす37種を，かわいいイラストとともに紹介。赤いものいくつ？／巨大迷路／相談ジャンケン／川おに／創作組体操／他。

0〜5歳児の
運動する力を楽しく育てる簡単あそび47

斎藤道雄著　Ａ５判・109頁　1800円

子育て支援シリーズ⑨　バランスをとる能力，よじのぼる能力，からだを器用に使う能力など，子どもたちの運動する力を楽しく育てるあそび47種をかわいいイラストとともに紹介。

楽しい体育ゲーム104

三宅邦夫著　Ａ５判・168頁　1700円

子どもと楽しむゲーム⑨　仲間意識を育て，魅力的な集団づくりをめざすゲームを，ボール・風船・新聞紙・紙テープ・あきカンなどを使う遊びに分けて紹介。『子どもと楽しむ体育ゲーム104』改題・改版。

3・4・5歳児の運動会・野外ゲーム

日本創作ゲーム協会編　Ｂ５判・142頁　1900円

ゲーム＆遊びシリーズ①　指，手，足，体全体を使って屋外で楽しむゲームを「ネズミチョロチョロ」「鳴き声はどこだ」「自然じゃんけん」などイラストつきで118種紹介。指導者へのアドバイス付き。

3・4・5歳児のゲーム遊び63

豊田君夫著　Ａ５判・145頁　1600円

幼児のゲーム＆あそび①　子どもたちの自主性，社会性，創造性などを向上させるゲーム遊びを発達段階に即し，学期ごと，体系的に紹介。『3・4・5歳児ゲーム遊び年間カリキュラム』改題・改版。

0〜5歳児のリトミックあそび

芸術教育研究所・おもちゃ美術館編　Ａ５判・140頁　1800円

幼児のゲーム＆あそび②　生まれながらに備わっている動きのリズムを感覚的，総合的に教育するリトミックの指導カリキュラムを年齢別に紹介。『0〜5歳児のリトミック指導』改題・改版。

幼稚園・保育園の
楽しい食育あそび42

石川町子著　Ｂ５判・93頁　2000円

ＣＤ付き「食育のうた・おなかがグー」　子どもたちが楽しく遊びながら食べ物に親しめる42の食育あそびを紹介。「食育のうた・おなかがグー」のＣＤ，楽譜付き。食育Ｑ＆Ａ，かんたんおやつレシピなども収録。

表示価格は本体価格です。別途消費税がかかります。